Impressum
Verlag: BABADADA GmbH, Nedderfeld 112 , 22529 Hamburg
Geschäftsführer / Verlagsleitung: Harald Hof
Druck: Books on Demand GmbH, In de Tarpen 42, 22848 Norderstedt

Imprint
Publisher: BABADADA GmbH, Nedderfeld 112 , 22529 Hamburg, Germany
Managing Director / Publishing direction: Harald Hof
Print: Books on Demand GmbH, In de Tarpen 42, 22848 Norderstedt

dibistan

school

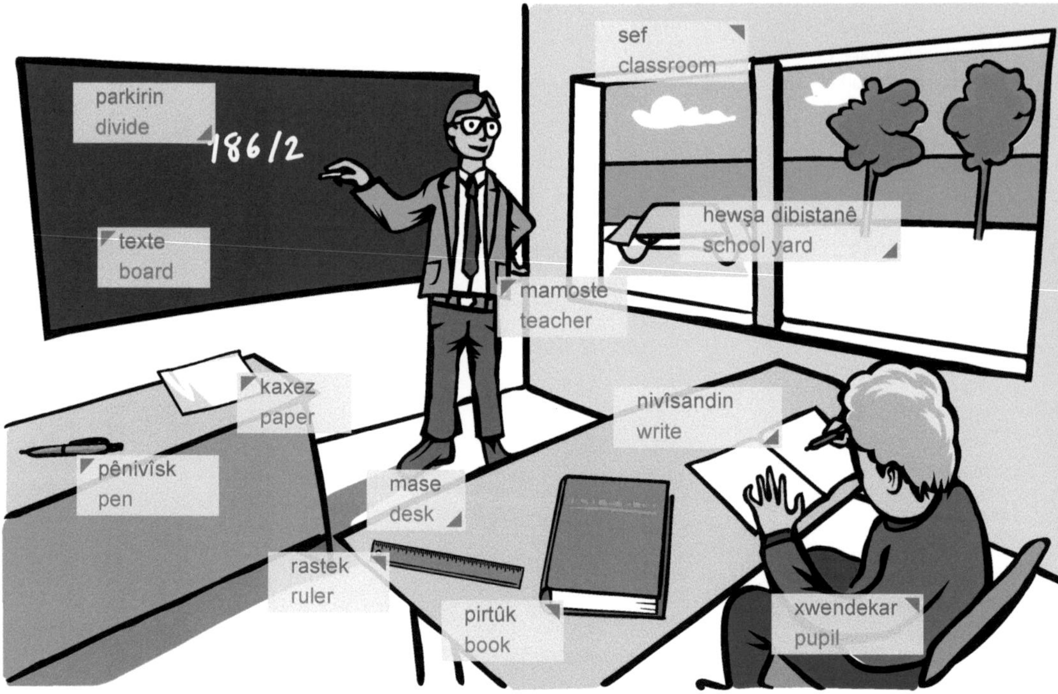

sef
classroom
parkirin
divide
186/2
texte
board
hewşa dibistanê
school yard
mamoste
teacher
kaxez
paper
nivîsandin
write
pênivîsk
pen
mase
desk
rastek
ruler
pirtûk
book
xwendekar
pupil

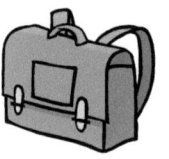

çewal

satchel

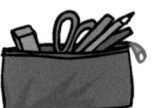

qûtî nivîstok

pencil case

qelemrisas

pencil

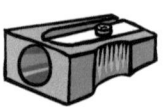

nivîstok tûjkir

pencil sharpener

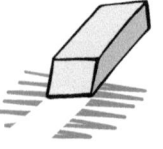

jêbir

rubber

nivîska nîgarê

drawing pad

nîgar

drawing

firçeya rengê

paintbrush

qûtî reng

paint box

meqes

scissors

lezaq

glue

pirtûka fêrbûn

exercise book

wezîfa malê

homework

hejmar

number

zêdekirin

add

derxistin

subtract

zêdekirin

multiply

hesibandin

calculate

tîp

letter

alfabe

alphabet

peyv

word

nivîsê

text

xwandin

read

geç

chalk

ders

lesson

qeydkirin

register

îmtîhan

exam

şehade

certificate

kinca dibistanê

school uniform

perwerdehî

education

zanistname

encyclopedia

zanîngeh

university

mîkroskûp

microscope

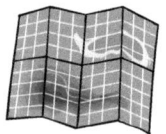

xerîte

map

sepeta kaxezê

waste-paper basket

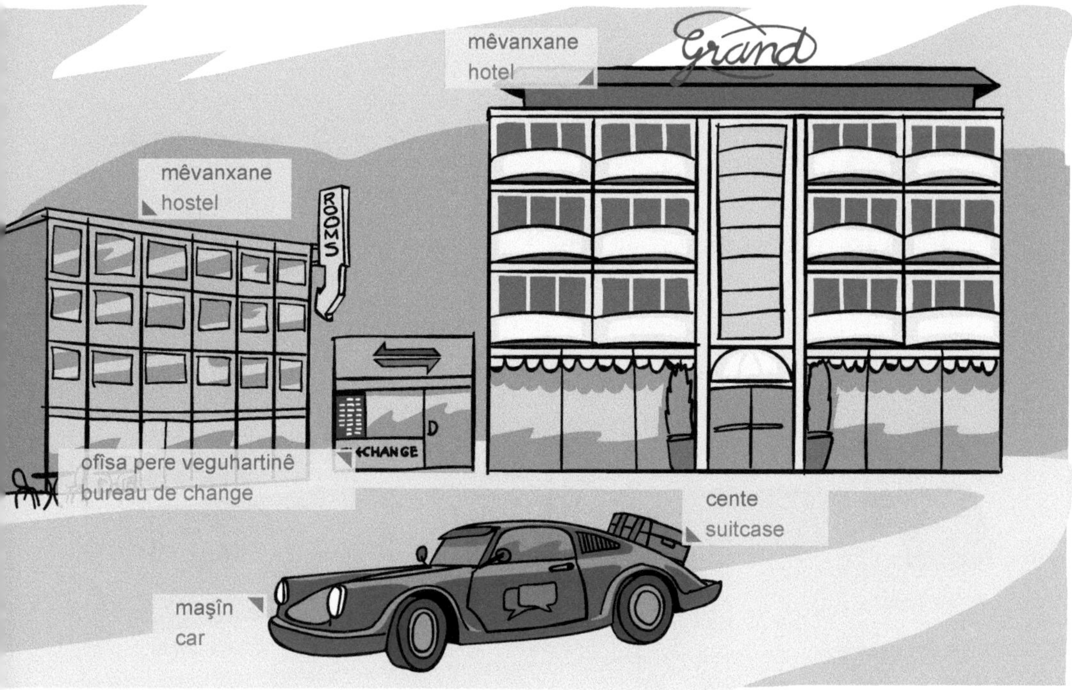

mêvanxane
hotel
Grand
mêvanxane
hostel
ROOMS
CHANGE
ofîsa pere veguhartinê
bureau de change
cente
suitcase
maşîn
car

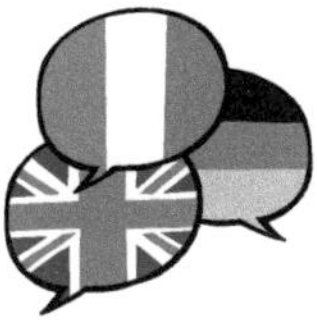

ziman

language

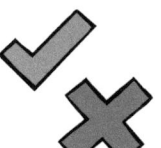

belê / na

yes / no

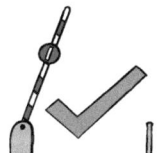

baş

Okay

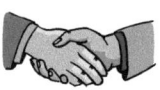

silav

hello

wergêra nivîskî

translator

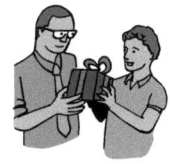

sipas

Thank you

bihayê ... çi qase?

how much is...?

ez fam nakim

I do not understand

pirsgirêk

problem

êvarbaş!

Good evening!

beyanî baş!

Good morning!

şev baş!

Good night!

xatirê te

bye bye

alî

direction

hûrmûr

luggage

çente

bag

çente pişt

backpack

mêvan

guest

ode

room

came xew

sleeping bag

çadir

tent

agagiyên gerokan

tourist information

rexê avê

beach

kartê qerzê

credit card

taştê

breakfast

firavîn

lunch

şîv

dinner

kart

ticket

asansor

lift

pûl

stamp

tixûb

border

gumirk

customs

balyozxane

embassy

vîza

visa

pasaport

passport

guhaztin

transport

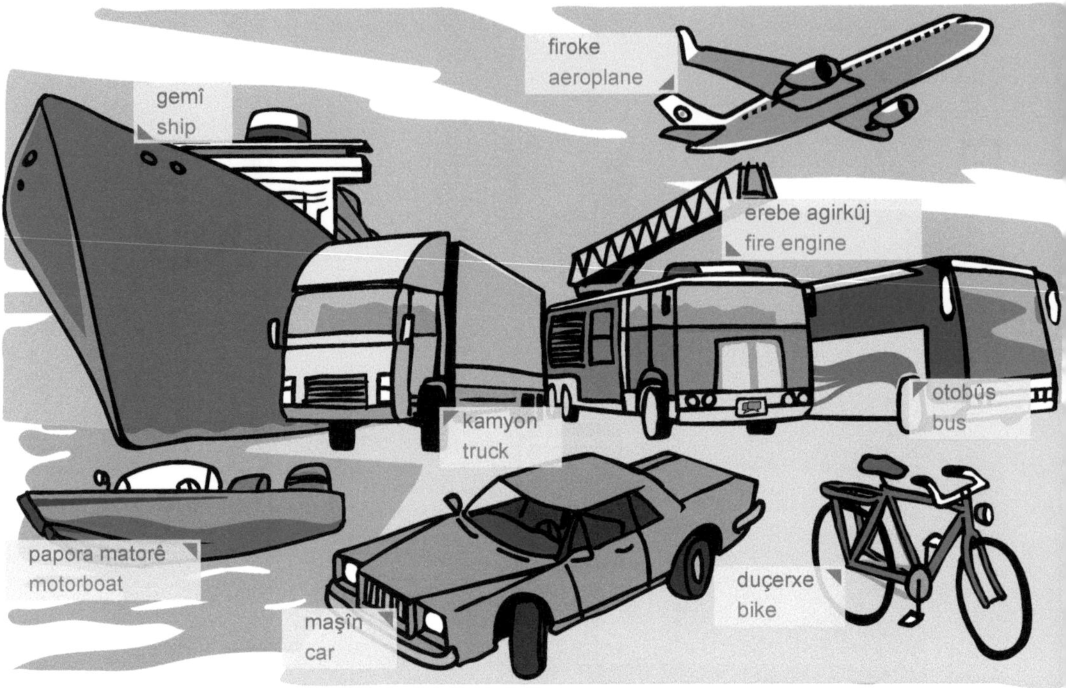

firoke
aeroplane
gemî
ship
erebe agirkûj
fire engine
otobûs
bus
kamyon
truck
papora matorê
motorboat
duçerxe
bike
maşîn
car

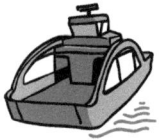

papor

ferry

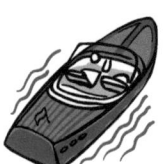

papor

boat

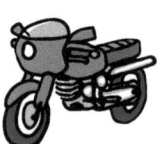

motorsîklêt

motorbike

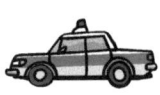

trimbêla polîsê

police car

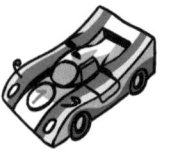

trimbêla pêşbaziyê

racing car

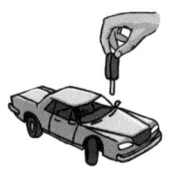

erebe kirêkirinê

rental car

maşîn pervekirin

car sharing

kamyona kişandinê

breakdown truck

kamyona xwelî

refuse truck

motorsîklêt

motor

mazot

fuel

îstegeha benzînê

petrol station

tabloya tirafîkê

traffic sign

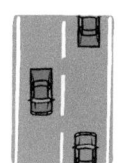

hatinûçûn

traffic

tirafîk

traffic jam

cihê parkê

car park

rawesteka trênê

train station

rêç

tracks

trên

train

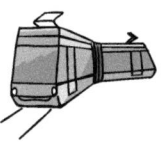

trênê kolanê

tram

erebe

carriage

babirok
helicopter

balafirgeh
airport

birc
tower

misafir
passenger

qûtî
container

qûtî
carton

girgirok
cart

selik
basket

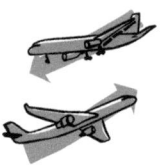

rabûn / nîştin
take off / land

bajar

city

gund
village

navenda bajarê
city centre

xanî
house

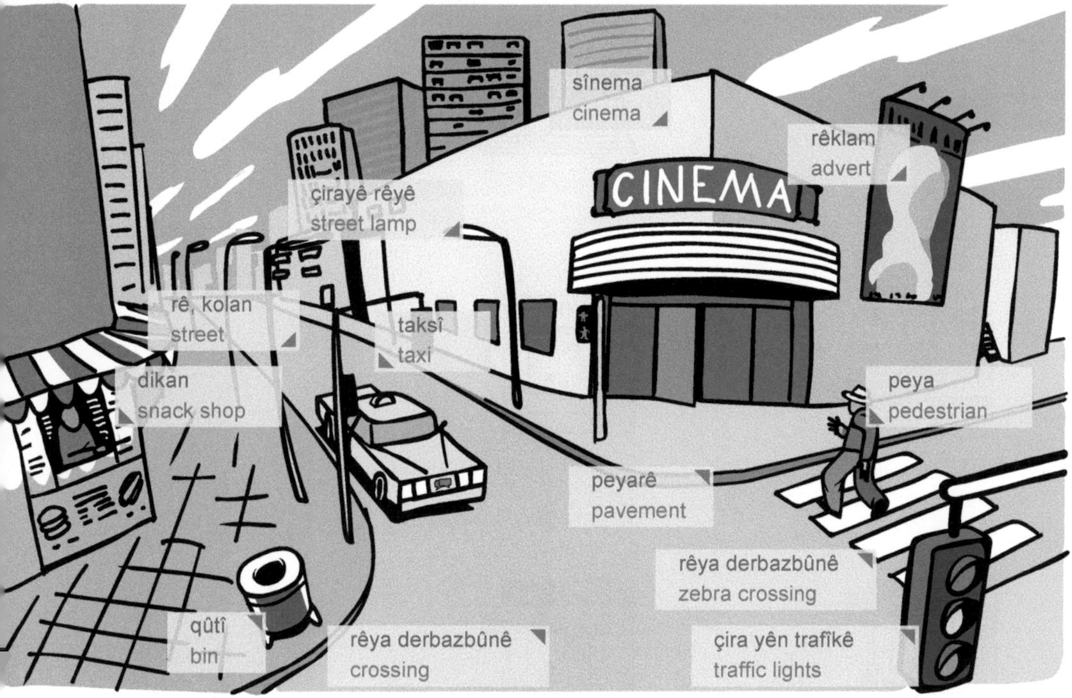
sînema
cinema
rêklam
advert
CINEMA
çirayê rêyê
street lamp
rê, kolan
street
taksî
taxi
dikan
snack shop
peya
pedestrian
peyarê
pavement
rêya derbazbûnê
zebra crossing
qûtî
bin
rêya derbazbûnê
crossing
çira yên trafîkê
traffic lights

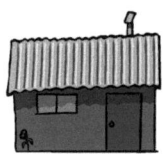

kox

hut

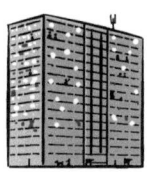

xanî

flat

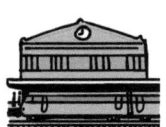

rawesteka trênê

train station

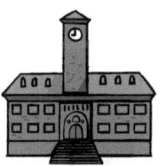

telara şarevanî

town hall

MUSEUM

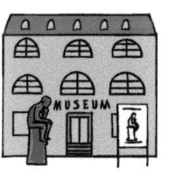

mûzexane

museum

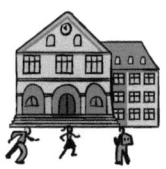

dibistan

school

zanîngeh
university

bank
bank

nexweşxane
hospital

mêvanxane
hotel

dermanxane
pharmacy

ofîs
office

kitêbfiroşî
book shop

dikan
shop

gulfiroş
florist's

bazar
supermarket

bazar
market

supermarket
department store

masîfiroş
fishmonger's

navenda kirrîn
shopping centre

bender
harbour

park
park

sekû
bench

pir
bridge

derince
stairs

jêr erdê
underground

tunnel
tunnel

îstgeha otobûs
bus stop

bar
bar

xwaringeh
restaurant

sindûqa postê
postbox

nîşanderka rêyê
street sign

metra parkîngê
parking meter

baxça heywanan
zoo

hewza melevanî
swimming pool

mizgeft
mosque

cotgeh
....
farm

lewitandina derdor
....
pollution

goristan
....
graveyard

kenîse
....
church

erdê leyistinê
....
playground

perestgeh
....
temple

tebîet

landscape

gela
leaf

nîşanderka rê
signpost

rê
way

mêrg
meadow

kevir
stone

gerok
hiker

dar
tree

çem
river

giya
grass

kulîlk
flower

dol

valley

gir

hill

gol

lake

daristan

forest

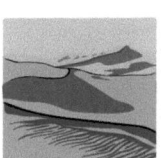

beyaban

desert

volkan

volcano

keleh

castle

keskesor

rainbow

kivark

mushroom

darqesp

palm tree

mixmixk

mosquito

mêş

fly

mêrî

ant

hing

bee

pîrê

spider

kêzik

beetle

beq

frog

sihor

squirrel

jîjok

hedgehog

kerguh

hare

pepûk

owl

çivîk

bird

qû

swan

berazê kovî

boar

pezkovî

deer

pezkovî

moose

bendav

dam

tûrbîna ba

wind turbine

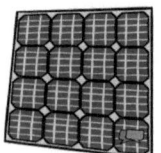

panela xorê

solar panel

av û hewa

climate

xwaringeh
restaurant

berkar
waiter
pêşek
menu
kursî
chair
şorbe
soup
pîza
pizza
çetel û çemçik
cutlery
sifre
tablecloth

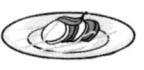

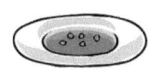

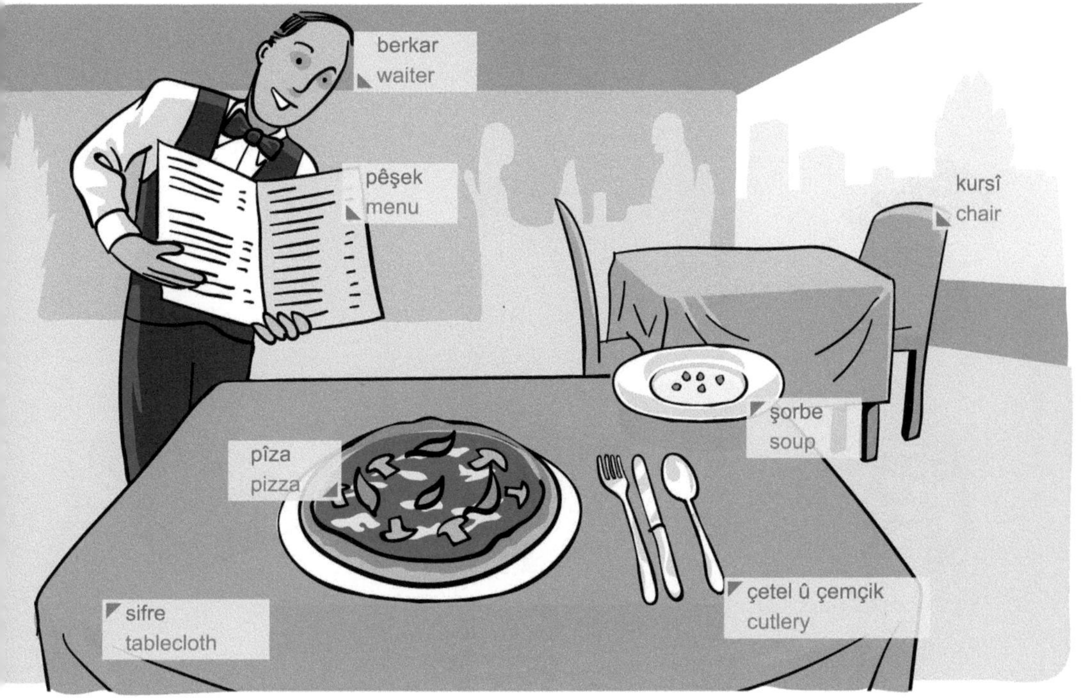

xwarina destpêk

starter

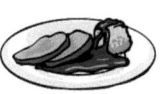

xwarina serekî

main course

şêranî

dessert

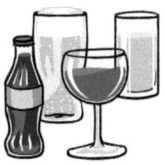

vexwarinan

drinks

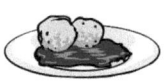

xwarin

food

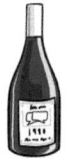

cam

bottle

xwarina lez

fast food

xwarina rêyê

street food

çaydanik

teapot

qûtî şekirê

sugar bowl

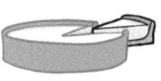

beş

portion

mekîna çêkirinê espresso

espresso machine

kursiya bilînd

high chair

hesab

bill

sênî

tray

kêr

knife

çetel

fork

kevçî

spoon

kevçiya çay

teaspoon

pêşgir

serviette

qedeh

glass

teyfik

plate

teyfika şorbe

soup plate

piyale

saucer

çênc

sauce

xwêdank

salt pot

qûtî bîbar

pepper mill

sêk

vinegar

rûn

oil

biharat

spices

ketçap

ketchup

mustard

mustard

mayonêz

mayonnaise

bazar
supermarket

pêşkêşên taybet
special offer
FOR
mişterî
customer
şîremenî
dairy
fêkî
fruit
erebe
trolley

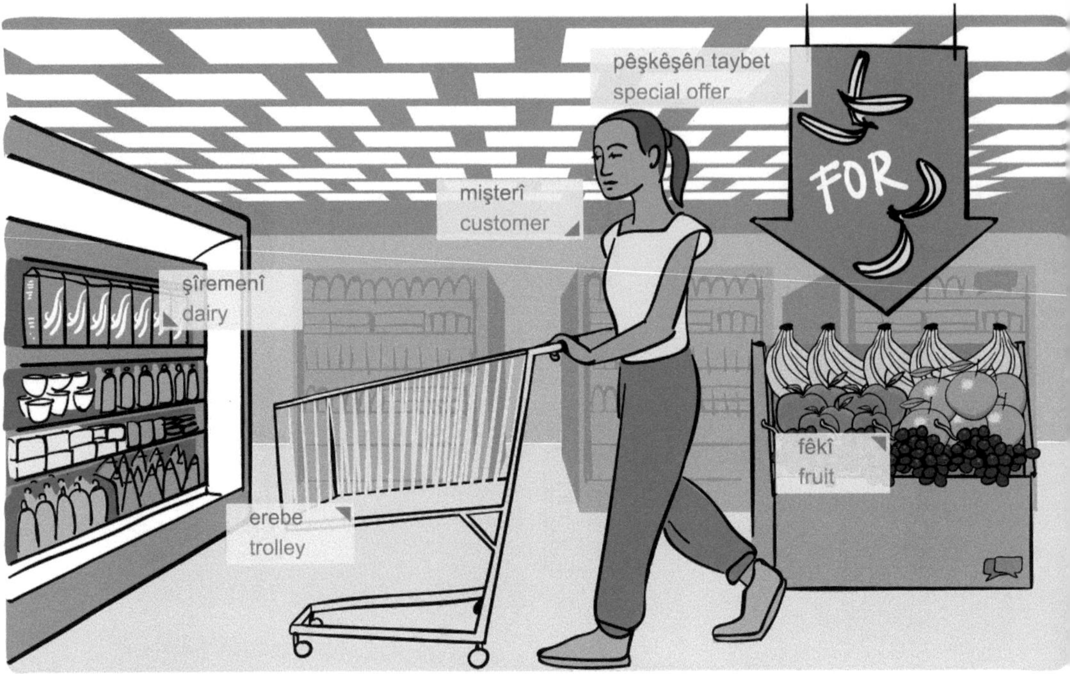

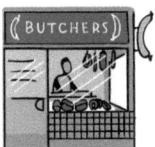

BUTCHERS

qesabî
butcher´s

BAKERY

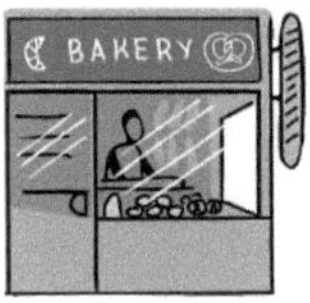

dikana nanpêj
baker´s

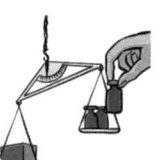

wezin kirin
weigh

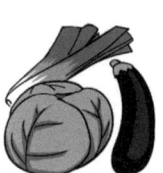

sebze
vegetables

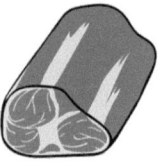

goşt
meat

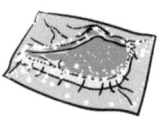

xwarinê cemedî
frozen food

goştê sar

cold meat

xwarina pîlê

tinned food

xubarê paqijkirinê

washing powder

şirînî

sweets

berhemên navxweyî

household products

berhemên paqijkirinê

cleaning products

firoşyar

salesperson

xeznok

till

diravgir

cashier

lîsta kirrînê

shopping list

demên vekirî

opening hours

cizdan

wallet

kartê qerzê

credit card

çewal

bag

çente

plastic bag

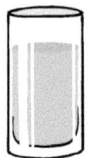

av

water

şerbet

juice

şîr

milk

komir

coke

şerab

wine

bîra

beer

alkol

alcohol

kakwo

cocoa

çay

tea

qehwe

coffee

espresso

espresso

kapoçîno

cappuccino

moz

banana

sêv

apple

pirteqalî

orange

gundor

melon

lîmon

lemon

gêzer

carrot

sîr

garlic

qamir

bamboo

pîvaz

onion

qarçik

mushroom

gewîz

nuts

şihîre

noodles

spagêttî

spaghetti

birinc

rice

selete

salad

çîps

chips

peteteya biraştî

fried potatoes

pîza

pizza

hamburger

hamburger

nanok

sandwich

goştê stûyê berxî

cutlet

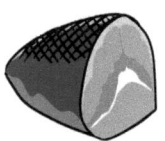

goştê hişkkirî

ham

salamê

salami

sosîs

sausage

mirîşk

chicken

bijartin

roast

masî

fish

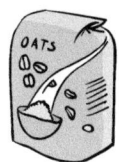

şorbe bilûl

porridge oats

mûslî

muesli

kertên gilgilan

cornflakes

ard

flour

croissant

croissant

semûn

bread roll

nan

bread

tost

toast

nanik

biscuits

nivîşk

butter

mast

curd

kulîçe

cake

hêk

egg

hêka qelandî

fried egg

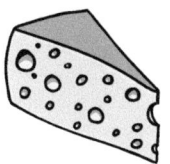

penîr

cheese

dondirme

ice cream

şekir

sugar

hingiv

honey

mireba

jam

xameya nougat

chocolate spread

kurrî

curry

cotgeh
farm

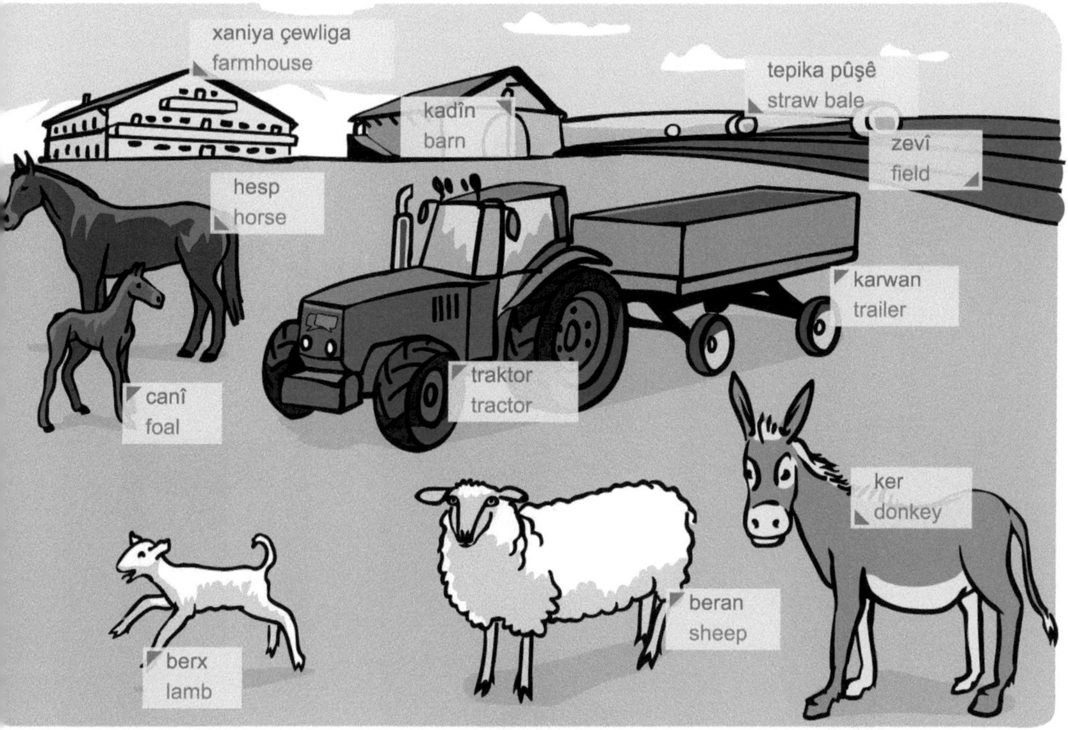

xaniya çewliga
farmhouse
kadîn
barn
tepika pûşê
straw bale
zevî
field
hesp
horse
karwan
trailer
traktor
tractor
canî
foal
ker
donkey
beran
sheep
berx
lamb

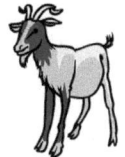

bizin

goat

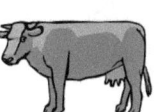

çêlek

cow

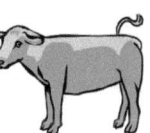

golik

calf

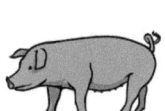

beraz

pig

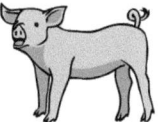

xinzîrk

piglet

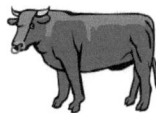

boxe

bull

qaz

goose

miravî

duck

cûçik

chick

mirîşk

hen

keleşêr

cock

circ

rat

kitik

cat

mişk

mouse

ga

ox

kûçik

dog

xaniya kûçikê

doghouse

xanî baxê

garden hose

qûtîka avdanê

watering can

şalûk

scythe

gasin

plough

das
....
sickle

merbêr
....
hoe

darsapik
....
pitchfork

bivir
....
axe

destgere
....
wheelbarrow

qûtî xwarina candaran
....
trough

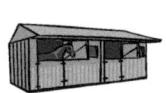

qûtî şîr
....
milk can

tûr
....
sack

çeper
....
fence

axur
....
stable

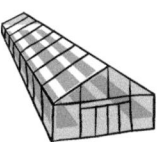

xana kulîlkan
....
greenhouse

ax
....
soil

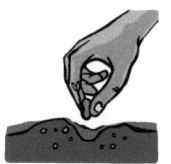

dendik
....
seed

peyn
....
fertilizer

kombayn
....
combine harvester

zad

harvest

zad

harvest

petete

yams

genim

wheat

fasolî

soy

petete

potato

dexl

corn

dindik

rapeseed

darê fêkî

fruit tree

sêvê bin erdê

cassava

zad

cereals

xanî
house

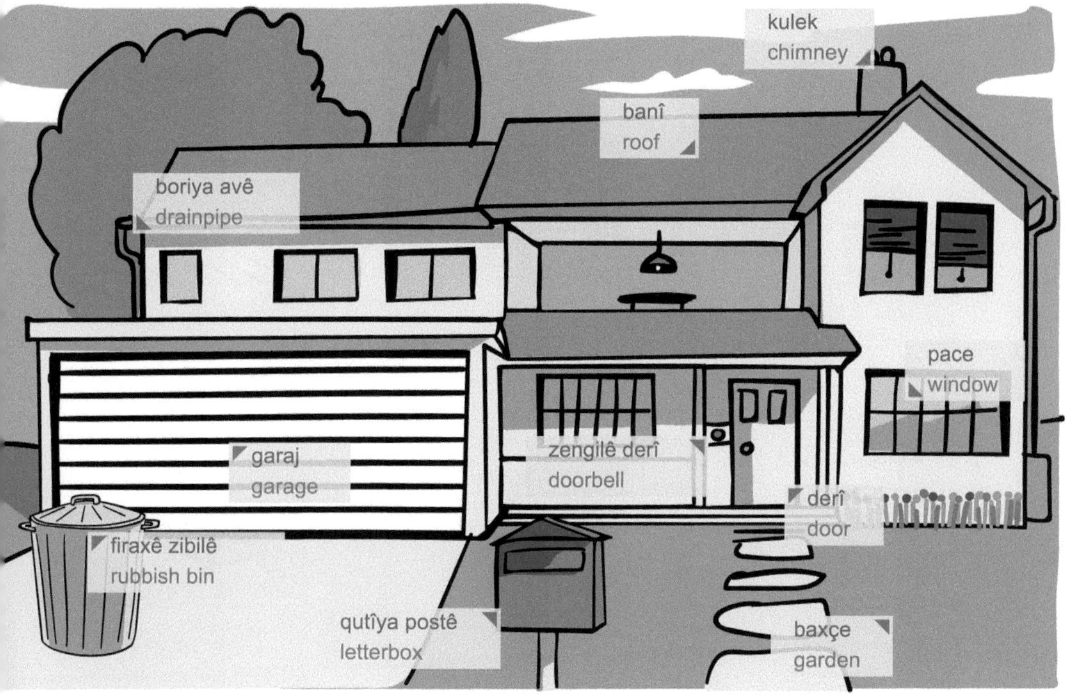
kulek
chimney
banî
roof
boriya avê
drainpipe
pace
window
garaj
garage
zengilê derî
doorbell
derî
door
firaxê zibilê
rubbish bin
qutîya postê
letterbox
baxçe
garden

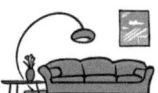

oda rûniştinê

living room

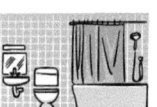

hemam

bathroom

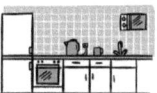

metbex

kitchen

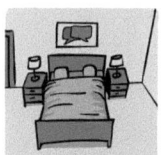

oda xewê

bedroom

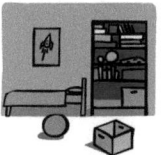

odeya zarok

child's room

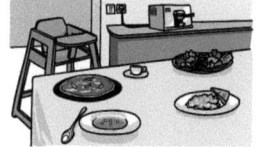

oda şîvê

dining room

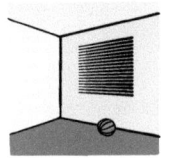

binî
floor

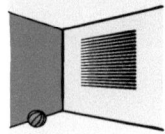

dîwar
wall

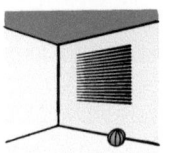

berban
ceiling

xenzik
cellar

sauna
sauna

balkon
balcony

berdanik
terrace

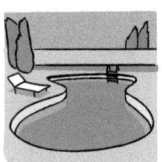

hewza melevanî
pool

çîmen birr
lawn mower

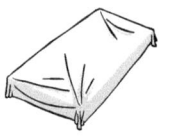

melhefe
sheet

betanî
bedspread

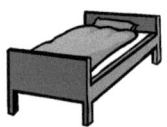

nivîn
bed

gezik
broom

satil
bucket

kilîl
switch

oda rûniştinê
living room

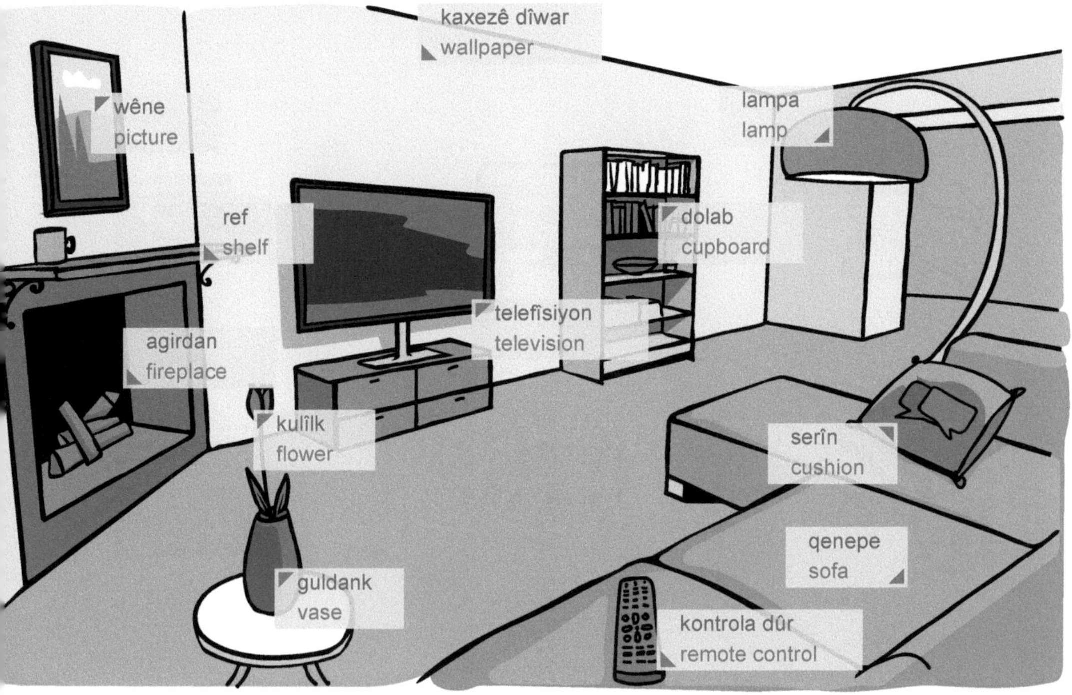
kaxezê dîwar
wallpaper
wêne
picture
lampa
lamp
ref
shelf
dolab
cupboard
telefîsiyon
television
agirdan
fireplace
kulîlk
flower
serîn
cushion
qenepe
sofa
guldank
vase
kontrola dûr
remote control

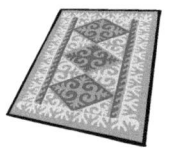

xalîçe

carpet

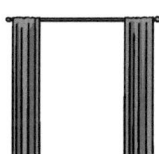

perde

curtain

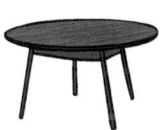

mêz

table

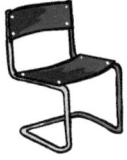

kursî

chair

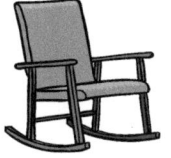

kursiya hejanok

rocking chair

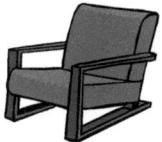

kursî

armchair

pirtûk

book

betanî

blanket

xemilandin

decoration

êzing

firewood

fîlm

film

hi-fi

hi-fi equipment

kilîl

key

rojname

newspaper

nîgar

painting

poster

poster

radyo

radio

defter

notepad

sivnika elektrîkî

hoover

kaktûs

cactus

mom

candle

metbex
kitchen

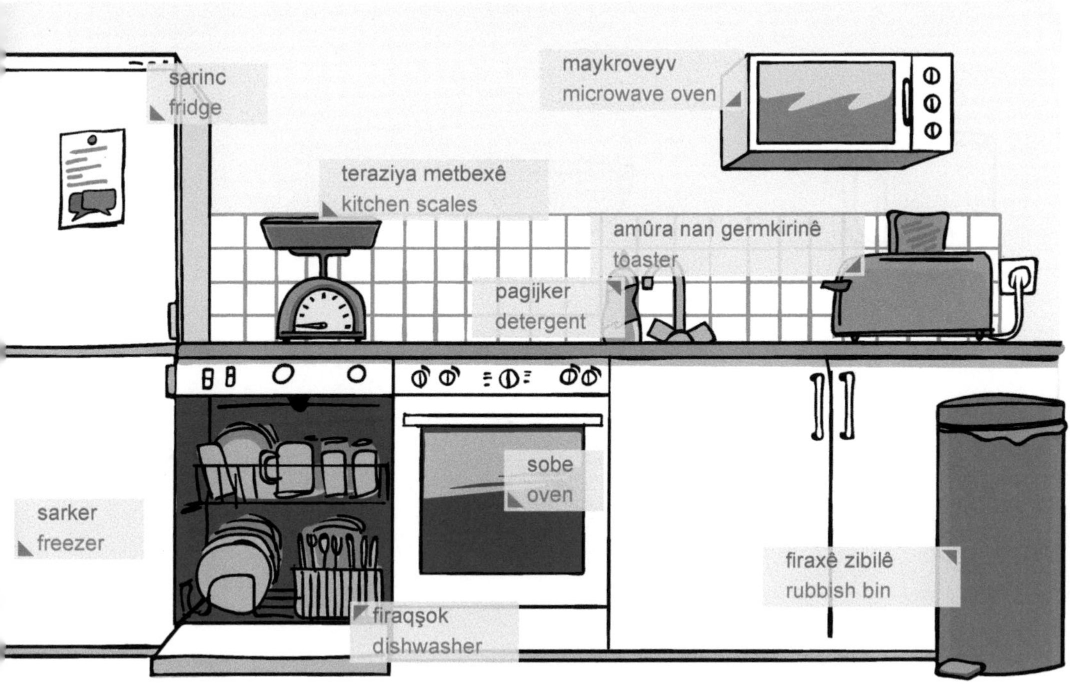

sarinc
fridge
maykroveyv
microwave oven
teraziya metbexê
kitchen scales
amûra nan germkirinê
toaster
pagijker
detergent
sobe
oven
sarker
freezer
firaxê zibilê
rubbish bin
firaqşok
dishwasher

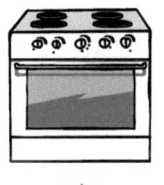

sobe

cooker

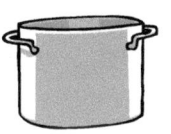

aman

pot

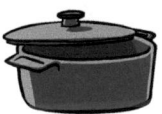

amaê ûtû

cast-iron pot

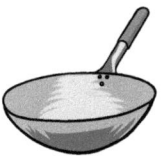

firaqê mezin

wok / kadai

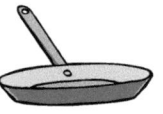

dîzik

pan

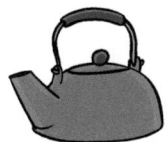

kelînk

kettle

firaqê hilmê

steamer

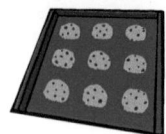

sênî nanê

baking tray

firaq

crockery

piyale

mug

kasik

bowl

darê nanxwarin

chopsticks

hesk

ladle

kevçiya mezin

spatula

rînek

whisk

kefgîr

strainer

bêjing

sieve

rêşker

grater

destar

mortar

biraştin

barbecue

agirê vala

open fire

metbex - kitchen

texteya birrînê

chopping board

darikê tîrê

rolling pin

devik badek

corkscrew

qûtî

can

qûtîvekir

can opener

cawê amanan

pot holder

destşo

sink

firçe

brush

parazoa

sponge

tevdêr

blender

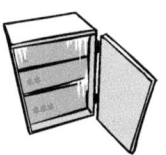

sarkerê cemedî

deep freezer

şûşe bebikan

baby bottle

henefî

tap

hemam

bathroom

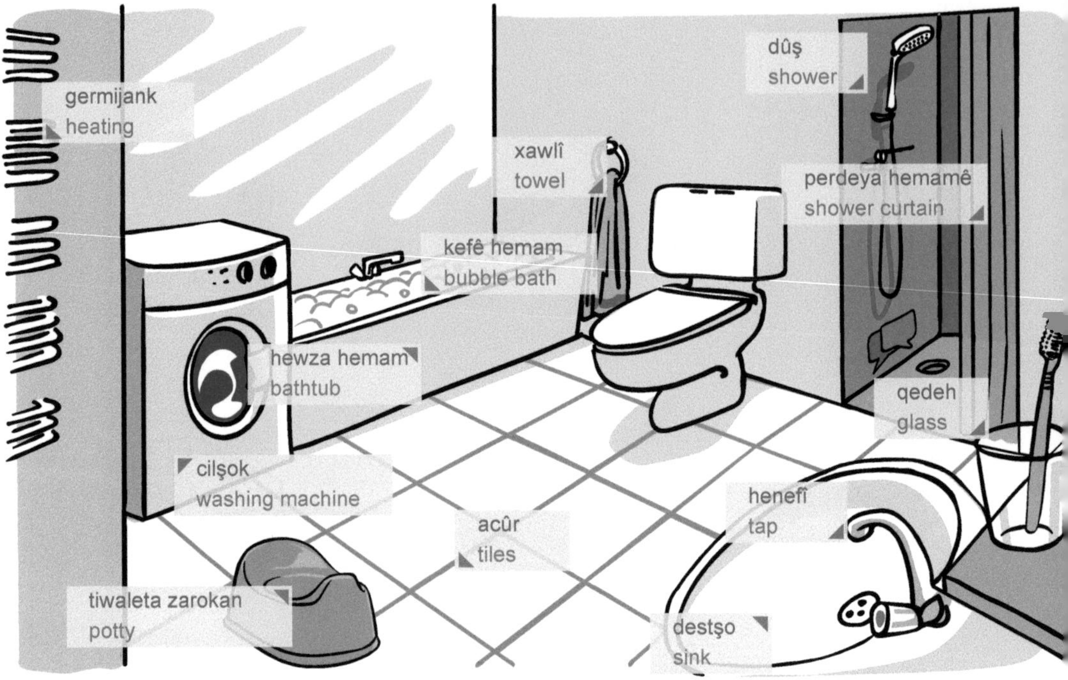

dûş
shower
germijank
heating
xawlî
towel
perdeya hemamê
shower curtain
kefê hemam
bubble bath
hewza hemam
bathtub
qedeh
glass
cilşok
washing machine
henefî
tap
acûr
tiles
tiwaleta zarokan
potty
destşo
sink

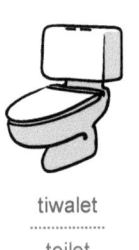

tiwalet

toilet

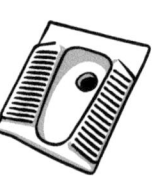

tiwaleta erdê

squat toilet

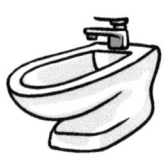

tiwalet

bidet

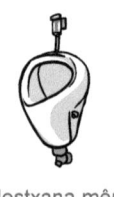

avdestxana mêran

urinal

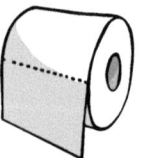

kaxeza tiwalet

toilet paper

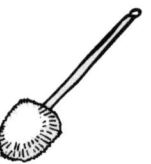

firşeya tiwalet

toilet brush

firçeya diran

toothbrush

mecûna diran

toothpaste

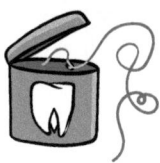

nexa didan

dental floss

şûştin

wash

dûşê destê

handheld shower

dûş

douche

destşo

basin

firça pişt

back brush

sabûn

soap

cêlê hemam

shower gel

şampo

shampoo

fanîle

flannel

zêrab

drain

kirêm

cream

bêhn xweşkir

deodorant

mirêk

mirror

mirêka destê

hand mirror

gûzan

razor

kefê teraşînê

shaving foam

mecûna piştî teraşînê

aftershave

şeh

comb

firçe

brush

por hîşikkir

hair dryer

sipraya porê

hairspray

kozmetîk

makeup

soravk

lipstick

rengê nînok

nail varnish

pembû

cotton wool

meqesta nînok

nail scissors

parfûm

perfume

çewalê hemamê

washbag

kursiya bêpişt

stool

terazî

weighing scale

kinca hemamê

bathrobe

lepika lastîkê

rubber gloves

tampon

tampon

xawliya paqijkirinê

sanitary towel

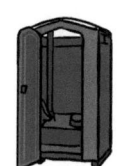

tiwaleta kîmîyewî

chemical toilet

odeya zarok
child's room

demjimêrk
alarm clock
lîstok
cuddly toy
maşîna lîstok
toy car
xişxişok
rattle
mala lîstok
doll's house
xelat
present

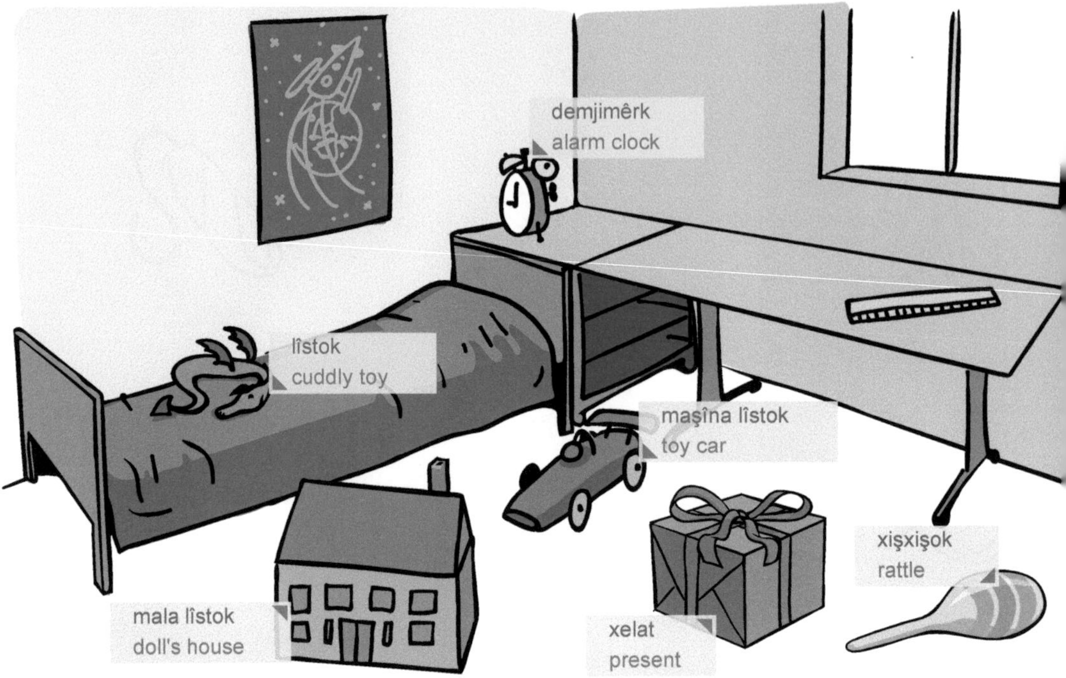

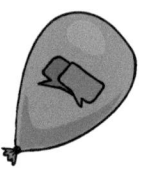

pifdank

balloon

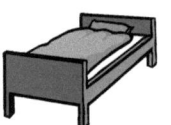

nivîn

bed

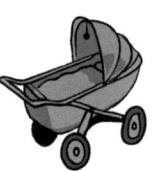

koçk

pram

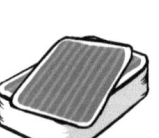

lîstika kartê

deck of cards

frîzbî

jigsaw

SUPER
MEGA

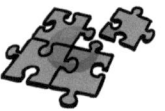

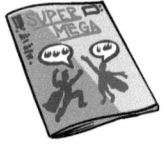

komîk

comic

acûra lêgo

lego bricks

acûra lîstok

building blocks

bûke şûşe

action figure

kinca bebikan

babygrow

frizbee

frisbee

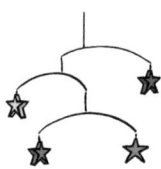

veguhestin

mobile

lîstikên texte

board game

mor

dice

modêla trênê

model train set

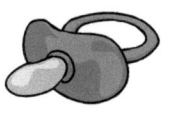

memik

dummy

cejn

party

kitêba wêne

picture book

top

ball

bûke şûşe

doll

leyîstin

play

kuna xîzê

sandpit

colane

swing

lîstokan

toys

lîstika vîdeoyî

video game console

sêçerxe

tricycle

hirça lîstok

teddy bear

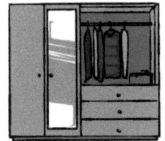

cildank

wardrobe

kinc

clothing

gore

socks

gore

stockings

derpêgorê

tights

şal
scarf

çetir
umbrella

kiras
t-shirt

qayiş
belt

şekal
boots

pêlavê nav malê
slippers

pêlav
trainers

solik
sandals

sol
shoes

potîna çermê
rubber boots

pantolê jêr
underpants

pêsîrbend
bra

çekbend
vest

cendek
body

pantol
trousers

jeans
jeans

daman
skirt

kiras
blouse

kiras
shirt

fanêle
pullover

fanêle
hoodie

cakêt
blazer

sako
jacket

çaket
coat

baranî
raincoat

lebas
costume

fîstan
dress

cilê dawetê
wedding dress

kinc - clothing

kostum
suit

pêcame
nightgown

pêcame
pyjamas

saree
sari

leçik
headscarf

mêzer
turban

hêram
burqa

kaftan
kaftan

eba
abaya

kinca ajnêkirin
swimsuit

cilka melevanî
trunks

şort
shorts

cila hêvojkarî
tracksuit

pêşmal
apron

lepik
gloves

dûgme

button

berçavik

glasses

bazin

bracelet

gerdenî

necklace

gustîl

ring

guhark

earring

devik

cap

hilavistek

coat hanger

kûm

hat

kirawat

tie

zîp

zip

serparêz

helmet

derzî

braces

kinca dibistanê

school uniform

yûnîform

uniform

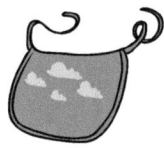

berdilk

bib

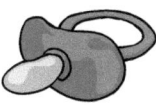

memik

dummy

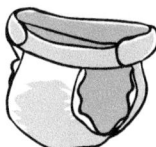

pundax

nappy

ofîs
office

pêşkeşker
server
dolabê belge
filing cabinet
çaper
printer
kaxez
paper
nîşander
monitor
mase
desk
mişk
mouse
defter
folder
klavye
keyboard
sepeta kaxezê
waste-paper basket
komputer
computer
kursî
chair

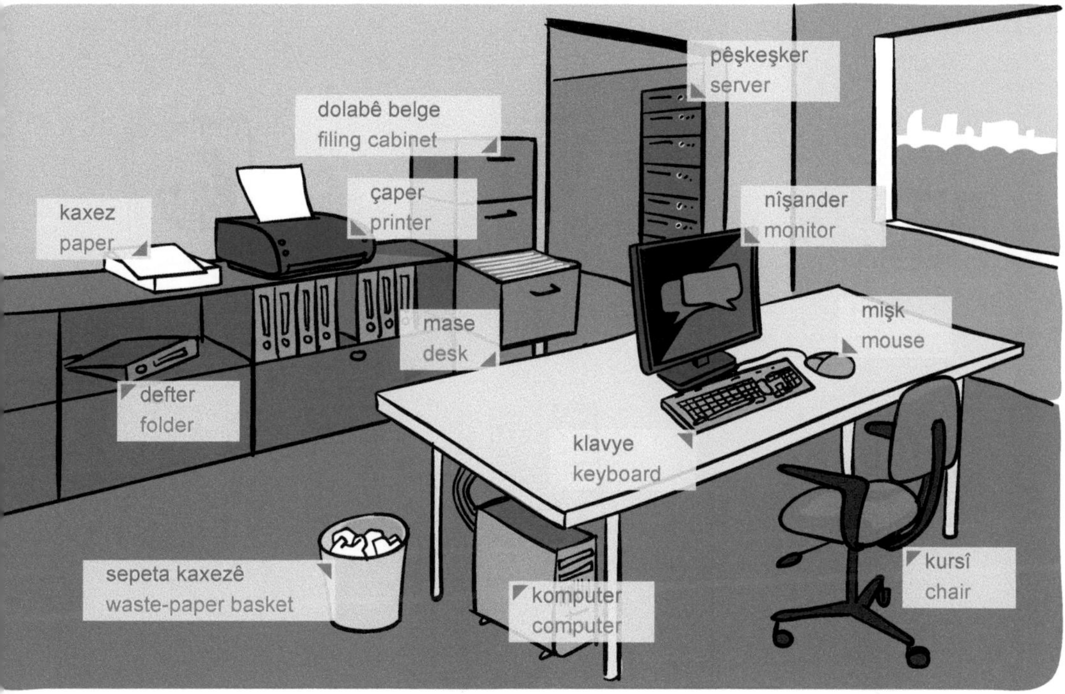

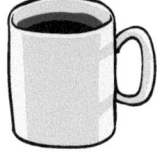

kasika qehwe

coffee mug

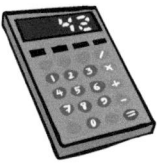

hesabker

calculator

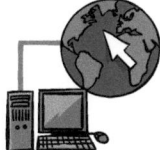

înternet

internet

komputera laptop

laptop

name

letter

peyam

message

telefona mobîl

mobile

tor

network

mekîna fotokopî

photocopier

software

software

telefon

telephone

socketa fîşek

plug socket

mekîna faxê

fax machine

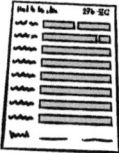

form

form

belge

document

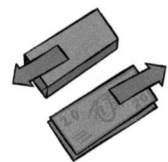

standin

buy

pere dan

pay

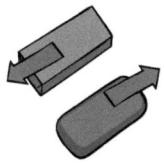

bazirganî

trade

pere

money

dollar

dollar

yoro

euro

yenê Japonê

yen

roblê Rûsî

rouble

firankê Swîsê

Swiss franc

yuanê Çînê

renminbi yuan

rûpee Hindî

rupee

mekîna jixwebera dirav

cashpoint

ofîsa pere veguhartinê

bureau de change

zêrr

gold

zîv

silver

neft

oil

wize

energy

biha

price

peyman

contract

tax

tax

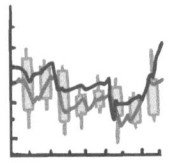

seham

stock

karkirin

work

karker

employee

karda

employer

fabrîka

factory

dikan

shop

profesyon
occupations

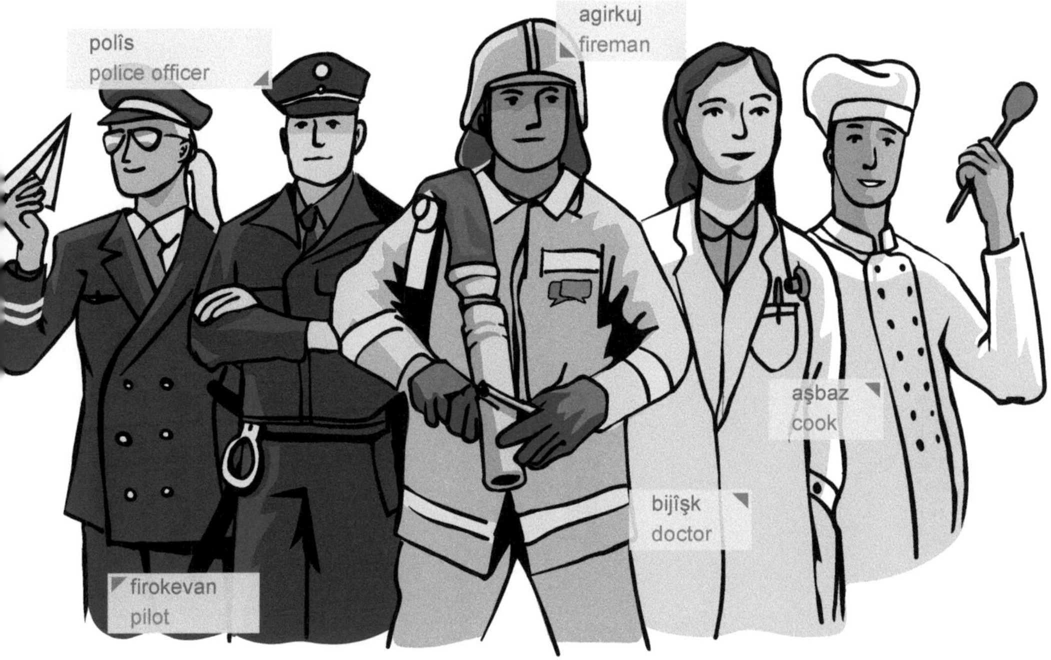

polîs
police officer
agirkuj
fireman
aşbaz
cook
bijîşk
doctor
firokevan
pilot

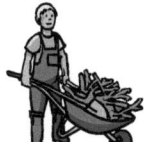

baxçevan

gardener

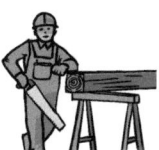

necar

carpenter

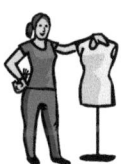

dirûnvan

seamstress

hakim

judge

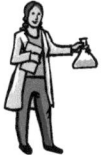

şîmyazan

chemist

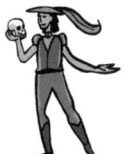

şanoger

actor

şufêrê basê

bus driver

şufêrekî taksiyê

taxi driver

masîvan

fisherman

pagijker

cleaning lady

çêkirê banî

roofer

berkar

waiter

nêçirvan

hunter

rengrês

painter

nanpêj

baker

karebavan

electrician

avaker

builder

endezyar

engineer

qesab

butcher

lûlekar

plumber

postevan

postman

esker

soldier

mîmar

architect

diravgir

cashier

firotkara çîçekan

florist

porçêker

hairdresser

ajovan

conductor

mekanîk

mechanic

keştîvan

captain

pizîşka didanan

dentist

zanistyar

scientist

rûhan

rabbi

îmam

imam

keşe

monk

keşîş

clergyman

amûran
tools

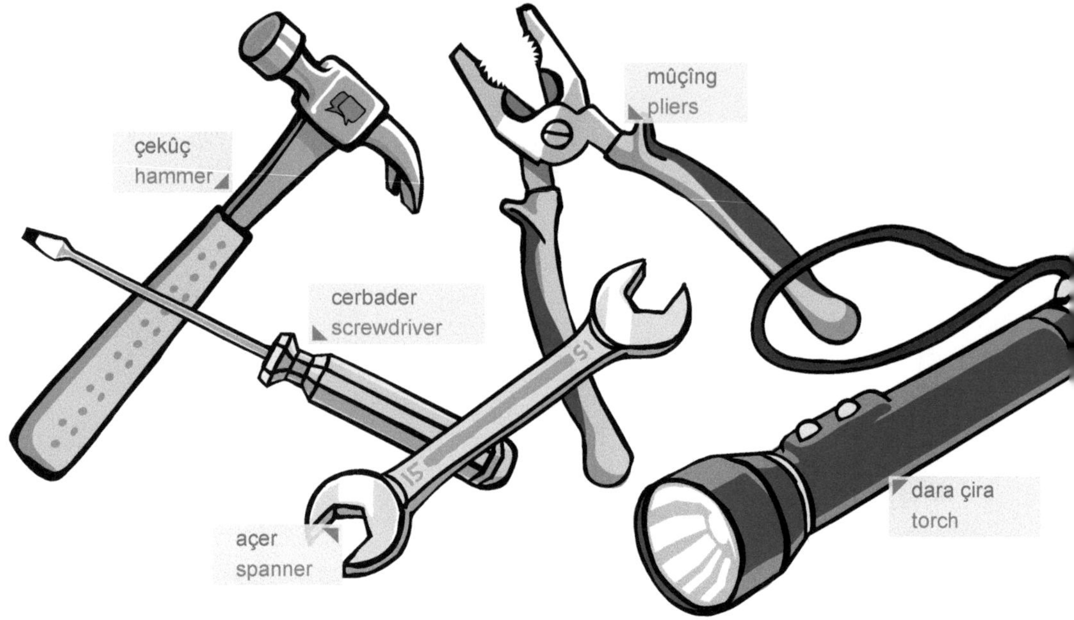

çekûç
hammer
mûçîng
pliers
cerbader
screwdriver
açer
spanner
dara çira
torch

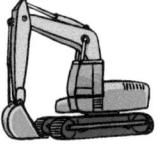

şofel

digger

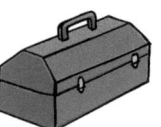

qûtiya amûran

toolbox

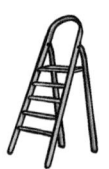

peyje

ladder

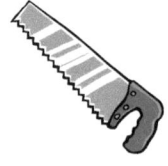

mişar

saw

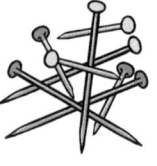

mîx

nails

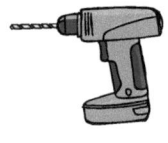

qulkirin

drill

çêkirin

repair

merbêr

shovel

nalet!

Damn!

bêl

dustpan

qûtiya rengê

paint pot

cerr

screws

amûrên mûzîkê
musical instruments

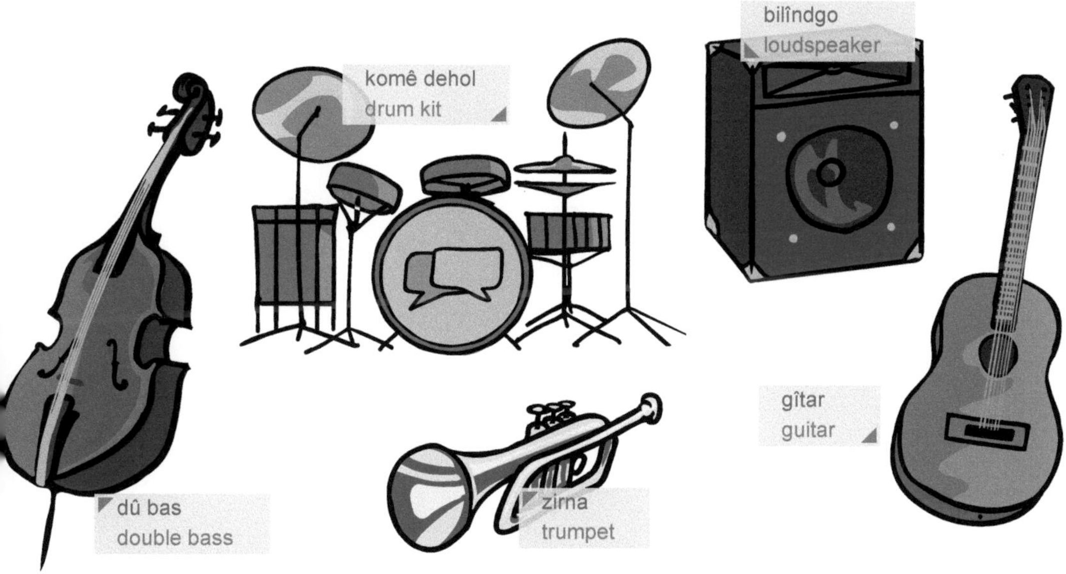

komê dehol
drum kit

bilîndgo
loudspeaker

gîtar
guitar

dû bas
double bass

zirna
trumpet

piyano
piano

viyolîn
violin

bas
bass

dehol
timpani

dahol
drums

keyboard
keyboard

saksofon
saxophone

bilûr
flute

mîkrofon
microphone

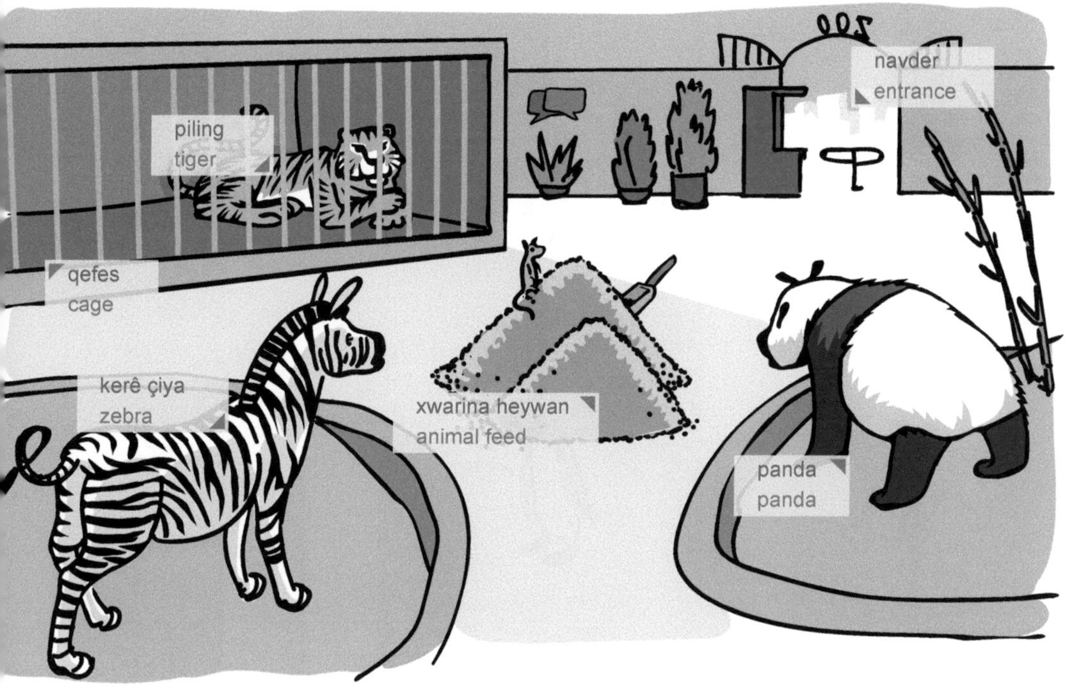

piling
tiger

navder
entrance

qefes
cage

kerê çiya
zebra

xwarina heywan
animal feed

panda
panda

heywan

animals

fîl

elephant

kangarû

kangaroo

kerkeden

rhino

gorîl

gorilla

hirç

bear

hêştir

camel

hêştirme

ostrich

şêr

lion

meymûn

monkey

flamîngo

flamingo

papaxan

parrot

hirça cemserî

polar bear

penguîn

penguin

semasî

shark

tawûs

peacock

mar

snake

timsah

crocodile

parêzera baxça ajalan

zookeeper

seya derya

seal

piling

jaguar

hesp

pony

piling

leopard

hespê rûbar

hippo

canhêştir

giraffe

helo

eagle

berazê kovî

boar

masî

fish

kûsî

turtle

walras

walrus

rovî

fox

xezal

gazelle

fûtbolê Amerîka
American football

bisiklêtan
cycling

tenîs
tennis

baskêtbol
basketball

avjenîkirin
swimming

boxing
boxing

hokeya ser cemedê
ice hockey

fûtbol
football

badminton
badminton

yê atletîzmê
athletics

hendbol
handball

befirajotin
skiing

polo
polo

çalakiyan

activities

kenîn
laugh
hilpeke
jump
hembêz
hug
birêveçûn
walk
lawje gutin
sing
xewn dîtin
dream
nimêj kirin
pray
maçkirin
kiss

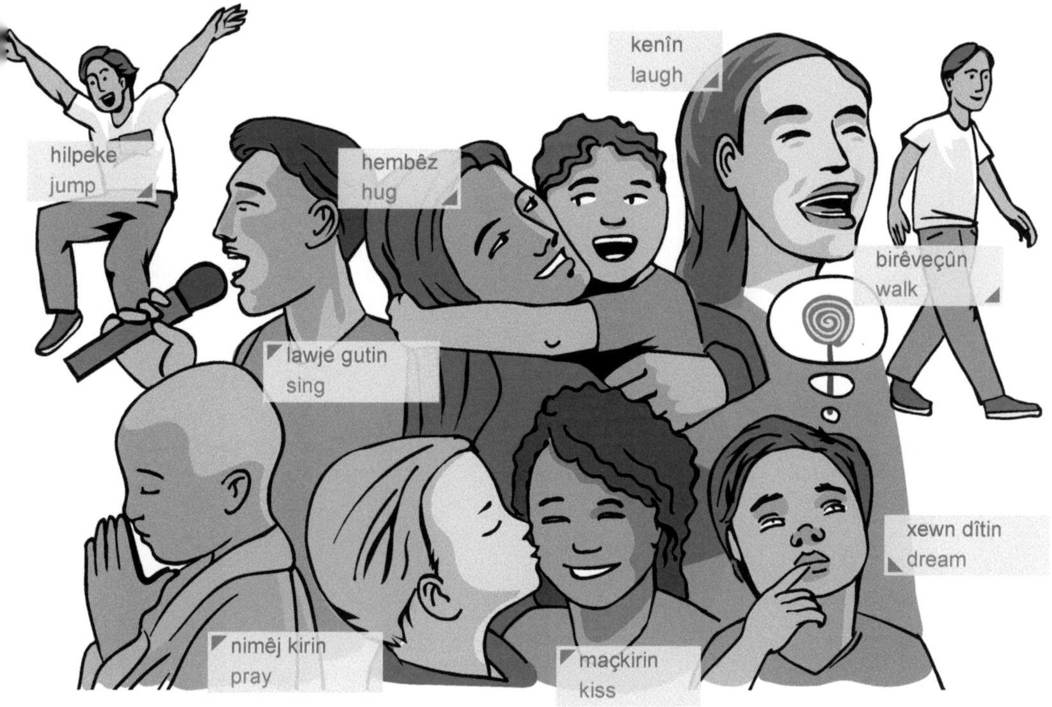

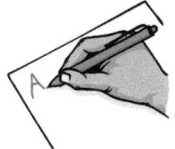

nivîsandin

write

nîgar kêşan

draw

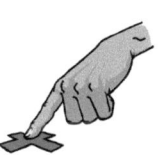

nîşan dan

show

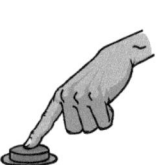

paldan

push

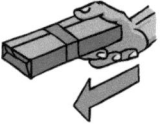

dayîn

give

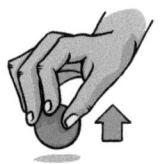

rakirin

take

heyîn

have

kirin

do

bûn

be

sekinîn

stand

bazdan

run

kişandin

pull

avêtin

throw

ketin

fall

derew kirin

lie

sekinîn

wait

guhêztin

carry

rûniştin

sit

cil berkirin

get dressed

razan

sleep

rabûn

wake up

çalakiyan - activities

mêze kirin

look at

girîn

cry

celte

stroke

şe kirin

comb

peyvîn

talk

famkirin

understand

pirskirin

ask

bihîstin

listen

vexwarin

drink

xwarin

eat

kom kirin

tidy up

hezkirin

love

xwarin çêkirin

cook

ajotin

drive

firrîn

fly

çalakiyan - activities
65

kesştîvanî

sail

hesibandin

calculate

xwandin

read

hînbûn

learn

karkirin

work

zewicîn

marry

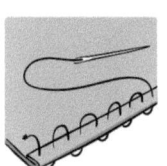

dirûtin

sew

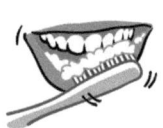

didan şûtin

brush teeth

kuştin

kill

dûxan

smoke

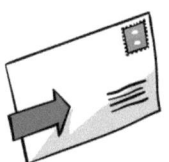

şandin

send

malbat
family

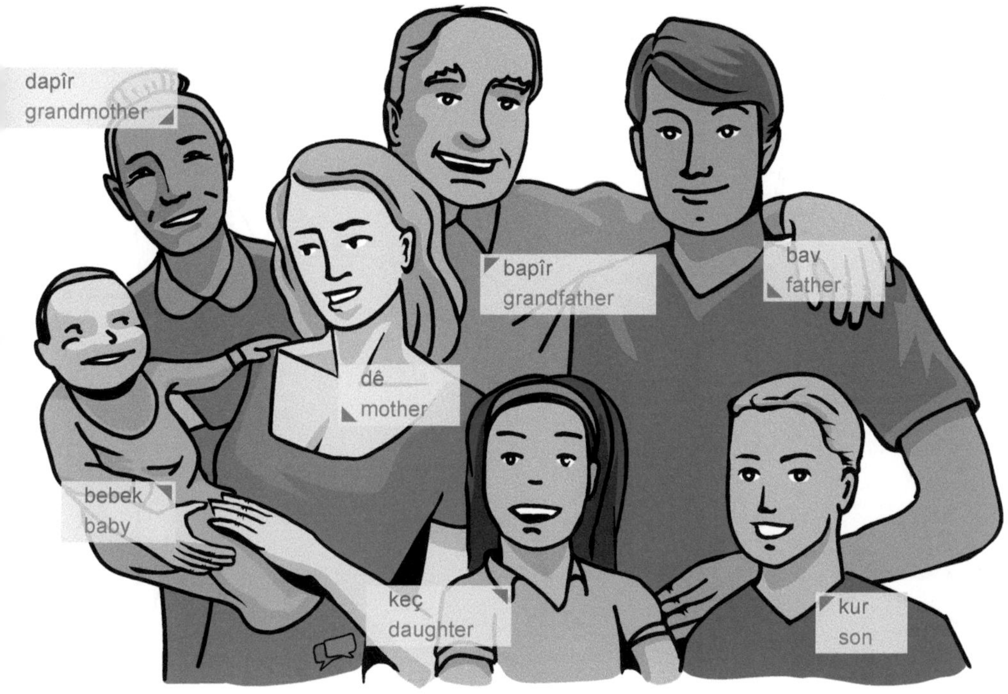
dapîr
grandmother
bapîr
grandfather
bav
father
dê
mother
bebek
baby
keç
daughter
kur
son

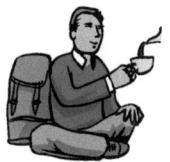

mêvan
guest

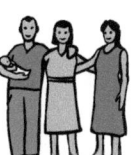

met
aunt

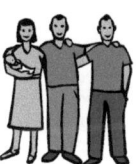

ap/xal
uncle

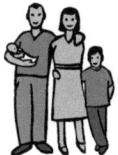

bira
brother

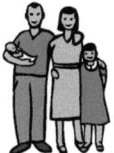

xwişl
sister

beden

body

enî
forehead
çav
eye
mil
shoulder
tilî
finger
rû
face
zenî
chin
dest
hand
ling
leg
sîng
breast
pîl
arm

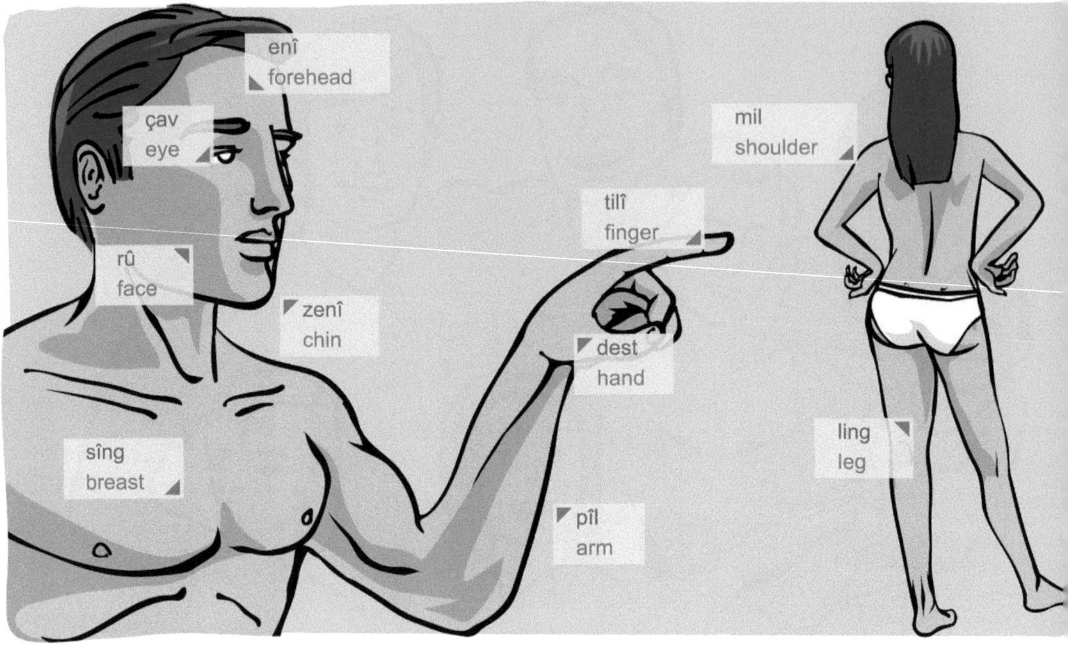

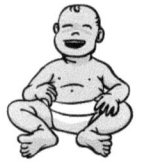

bebek
baby

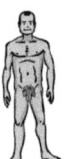

mêr
man

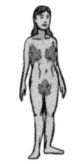

jin
woman

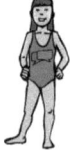

keç
girl

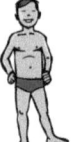

kor
boy

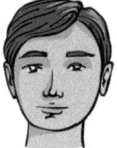

ser
head

pişt

back

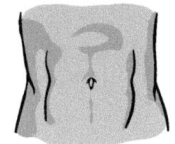

zik

belly

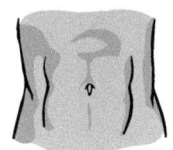

navik

belly button

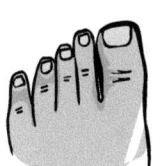

tilîya pê

toe

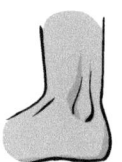

panî

heel

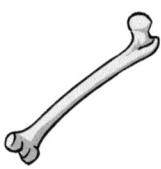

hestî

bone

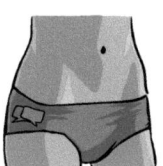

kûlîmek

hip

jûnî

knee

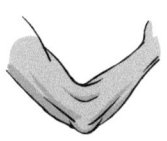

enîşk

elbow

difn

nose

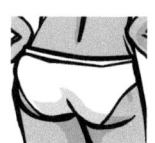

qûn

bottom

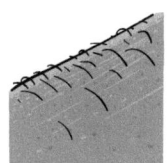

çerm

skin

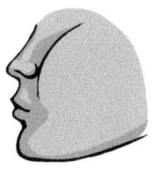

rû

cheek

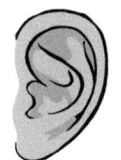

gûh

ear

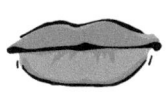

lêv

lip

dev

mouth

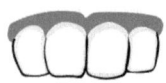

diran

tooth

ziman

tongue

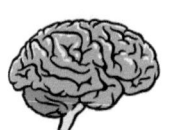

mêjî

brain

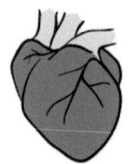

dil

heart

masûl

muscle

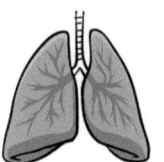

cîgera spî

lung

ceger

liver

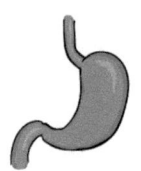

made

stomach

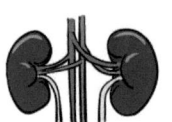

gûrçikan

kidneys

cotbûn

sex

kondom

condom

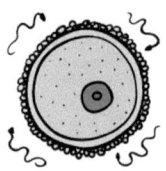

hêk

ovum

tov

semen

dûcanî

pregnancy

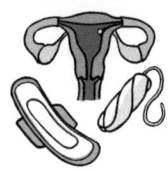

ade

menstruation

qûz

vagina

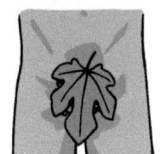

kîr

penis

birû

eyebrow

por

hair

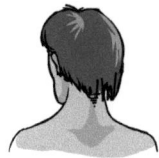

hûstû

neck

nexweşxane
hospital

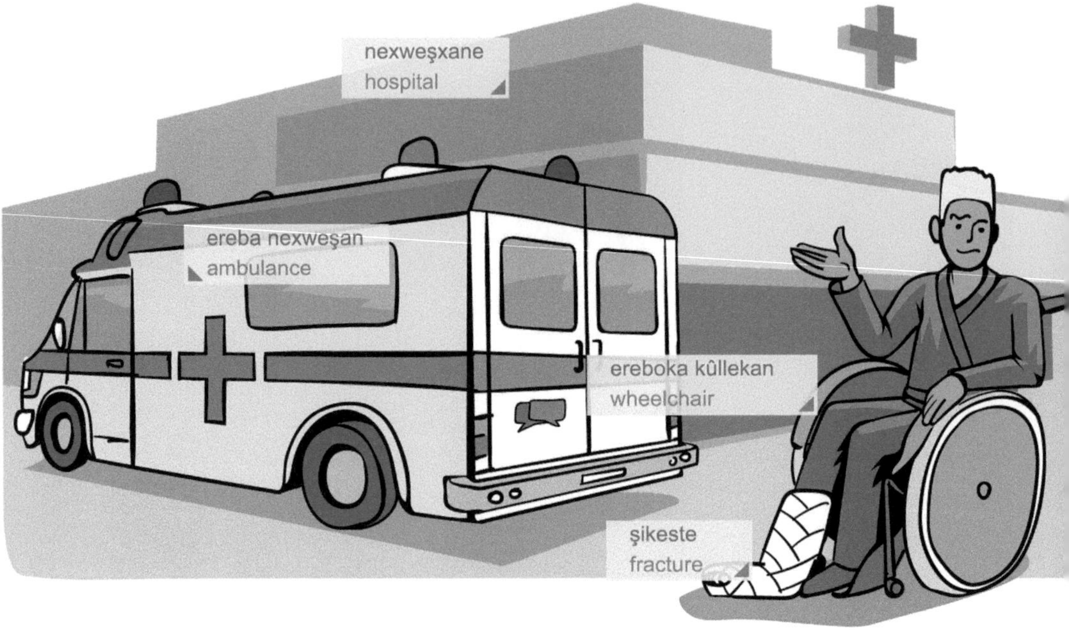

nexweşxane
hospital
ereba nexweşan
ambulance
ereboka kûllekan
wheelchair
şikeste
fracture

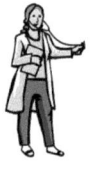

bijîşk

doctor

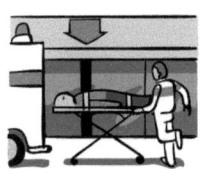

oda lezgînê

emergency room

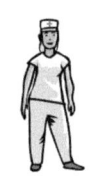

nexweşyar

nurse

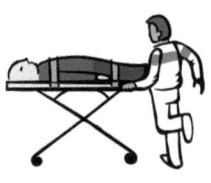

acîlîyet

emergency

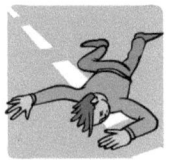

bêhay

unconscious

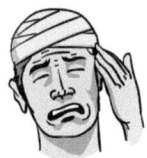

êş

pain

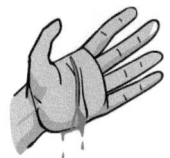

birîn
injury

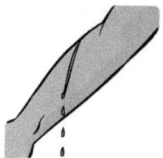

xwînpijan
bleeding

hêrişa dilî
heart attack

celte
stroke

alerjî
allergy

kuxik
cough

ta
fever

zikam
flu

navçûyin
diarrhoea

serêş
headache

qansêr
cancer

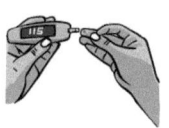

nexweşiya şekirê
diabetes

emelîkar
surgeon

skalpêl
scalpel

emelî
operation

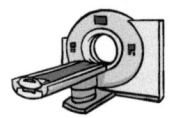

CT
....
CT

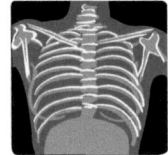

sûretê rontgên
....
x-ray

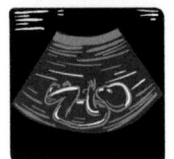

ûltrasawnd
....
ultrasound

maskê rûyê
....
face mask

nexweşî
....
disease

oda sekinînê
....
waiting room

goçan
....
crutch

şêl
....
plaster

paçê birînpêçanê
....
bandage

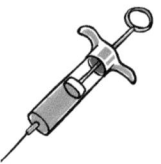

derzî
....
injection

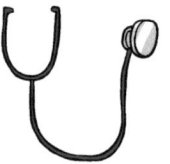

bîstoka pizîşkî
....
stethoscope

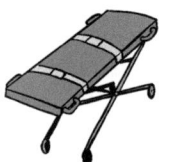

darbest
....
stretcher

têhnpîva klînîkê
....
clinical thermometer

zayîn
....
birth

qelew
....
overweight

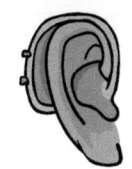

alîkariya bihîstinê

hearing aid

bakterîkuj

disinfectant

kotîbûn

infection

vîrûs

virus

HIV / AIDS

HIV / AIDS

derman

medicine

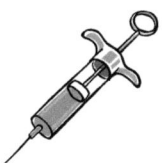

kutan

vaccination

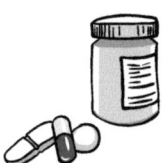

heban

tablets

heb

pill

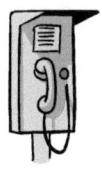

lezgîn

emergency call

dîmenderê pesto xwîn

blood pressure monitor

nexweş / sax

ill / healthy

Hewar!

Help!

alarm

alarm

êrîş

assault

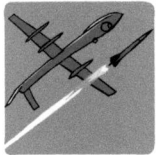

êrîşkirin

attack

talûk

danger

derketina acil

emergency exit

agir!

Fire!

agir vemirandinê

fire extinguisher

qeza

accident

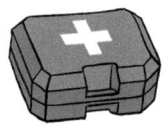

aletên alîkariya yekem

first-aid kit

SOS

SOS

polîs

police

Ewropa

Europe

Amerîkaya Bakûr

North America

Amerîkaya Başûr

South America

Afrîka

Africa

Asya

Asia

Awustralya

Australia

Atlantîk

Atlantic

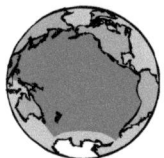

Okyanûsa Mezin

Pacific

Okyanûsa Hindî

Indian Ocean

Okyanûsa Antarktîka

Antarctic Ocean

Okyanûsa Arktîk

Arctic Ocean

Cemsera Bakûr

North Pole

Cemsera Başûr

South Pole

Antarktîka

Antarctica

erd

Earth

ax

land

behir

sea

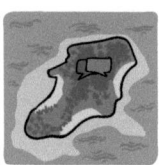

dûrge

island

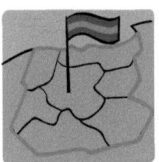

milllet

nation

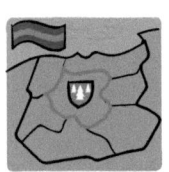

welat

state

rûyê saet

clock face

nişanderka demjimêr

hour hand

nişanderka deqe

minute hand

nişanderka saniye

second hand

Seet çende?

What time is it?

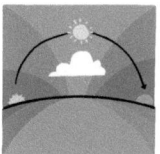

roj

day

dem

time

niha

now

saetê dicîtal

digital watch

deqe

minute

seet

hour

hefte
week

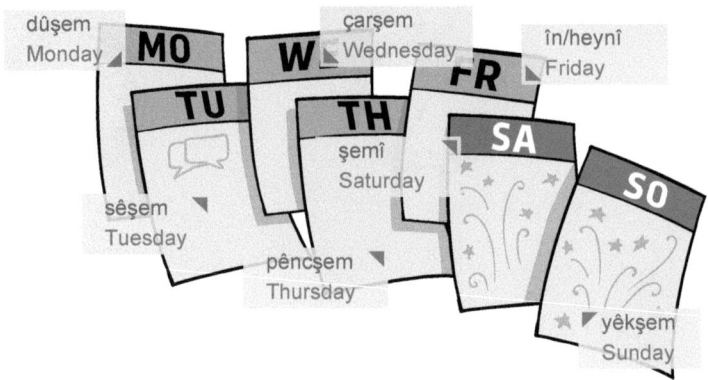

dûşem
Monday

çarşem
Wednesday

în/heynî
Friday

sêşem
Tuesday

şemî
Saturday

pêncşem
Thursday

yêkşem
Sunday

duh

yesterday

îro

today

sibey

tomorrow

sibe

morning

nîvro

noon

êvar

evening

MO	TU	WE	TH	FR	SA	SU
1	2	3	4	5	6	7
8	9	10	11	12	13	14
15	16	17	18	19	20	21
22	23	24	25	26	27	28
29	30	31	1	2	3	4

rojên karê

business days

MO	TU	WE	TH	FR	SA	SU
1	2	3	4	5	6	7
8	9	10	11	12	13	14
15	16	17	18	19	20	21
22	23	24	25	26	27	28
29	30	31	1	2	3	4

dawiya hefte

weekend

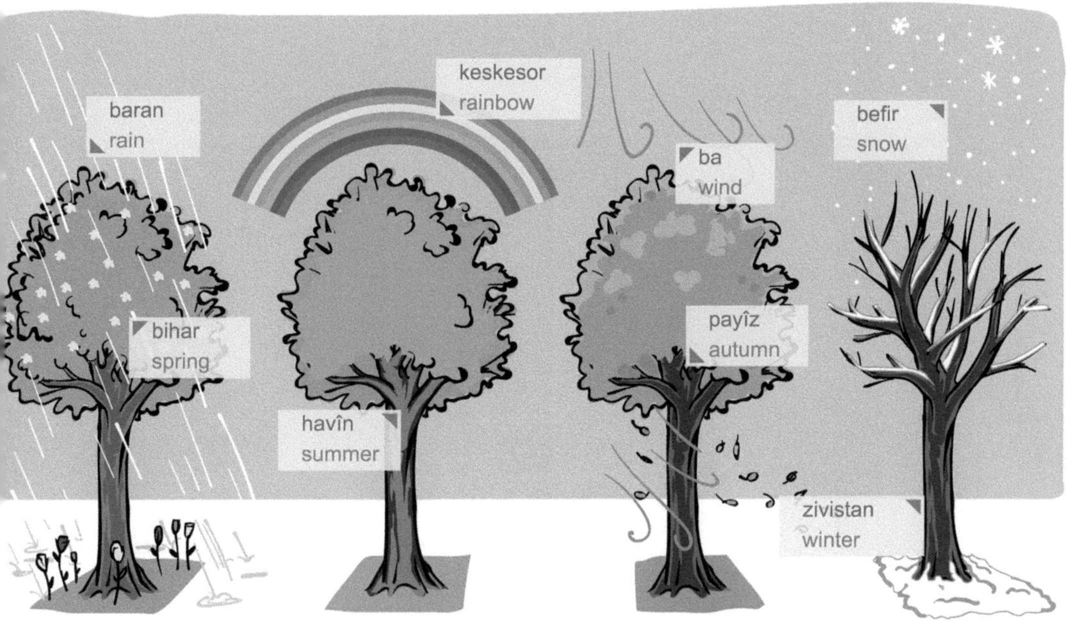

baran
rain

keskesor
rainbow

ba
wind

befir
snow

bihar
spring

payîz
autumn

havîn
summer

zivistan
winter

pêşbîniya hewa

weather forecast

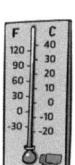

tehnpîv

thermometer

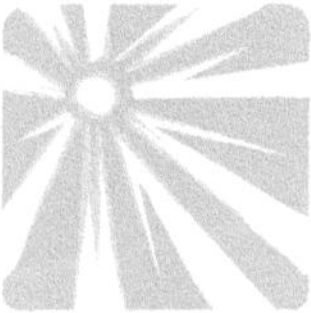

tav

sunshine

hewr

cloud

mij

fog

hêmî

humidity

birq

lightning

brûsk

thunder

tofan

storm

terg

hail

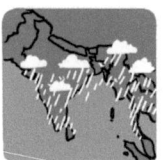

mansûn

monsoon

lehî

flood

cemed

ice

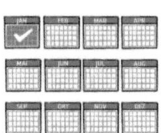

rêbendan

January

reşeme

February

newroz

March

gulan

April

cozerdan

May

pûşper

June

gelawêj

July

xermanan

August

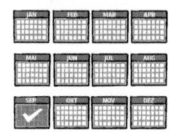

rezber
September

kewçêr
October

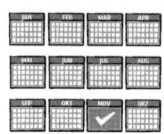

sermawez
November

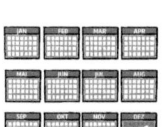

befranbar
December

şêwe
shapes

çember
circle

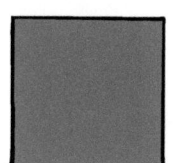

çarçik
square

çarqozî
rectangle

sêqozî
triangle

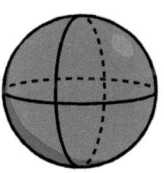

qada
sphere

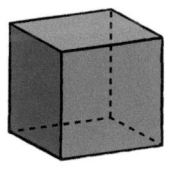

xiştek
cube

sipî

white

zer

yellow

pirteqalî

orange

pembe

pink

sor

red

mor

purple

şîn

blue

kesik

green

qehweyî

brown

gewr

grey

reş

black

zor / kêm

a lot / a little

bi hêrs / bêdeng

angry / calm

bedew / nerind

beautiful / ugly

destpêk / dawî

beginning / end

mezin / biçûk

big / small

ronî / tarî

bright / dark

brak / xwişk

brother / sister

pagij / girêj

clean / dirty

tevî / netemam

complete / incomplete

roj / şev

day / night

mirî / zindî

dead / alive

fire / teng

wide / narrow

xweş / nexweş

edible / inedible

nebaş / baş

evil / kind

bi heyecan / aciz

excited / bored

qelew / zirav

fat / thin

yekemîn / dawîn

first / last

heval / dijmin

friend / enemy

tijî / vala

full / empty

req / nerm

hard / soft

giran / sivik

heavy / light

birçî / tînî

hunger / thirst

nexweş / sax

ill / healthy

neqanûnî / qanûnî

illegal / legal

rewşenbîr / balûle

intelligent / stupid

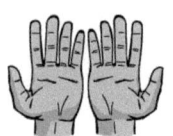

çep / rast

left / right

nêzî / dûr

near / far

nû / bikarhatî

new / used

hîç / tiştek

nothing / something

kal / ciwan

old / young

li / ji

on / off

vekirî / girtî

open / closed

aram / dengbilind

quiet / loud

dewlemend / reben

rich / poor

rast / şaş

right / wrong

dirr / hilû

rough / smooth

xemgîn / şa

sad / happy

kurt / dirêj

short / long

hêdî / zû

slow / fast

şil / ziwa

wet / dry

germ / hênik

warm / cool

şerr / aşitî

war / peace

0

sifir

zero

1

yek

one

2

dû

two

3

sê

three

4

çar

four

5

pênc

five

6

şeş

six

7

heft

seven

8

heşt

eight

9

neh

nine

10

deh

ten

11

yazde

eleven

12

dazde

twelve

13

sêzde

thirteen

14

çarde

fourteen

15

pazde

fifteen

16

şazde

sixteen

17

hefde

seventeen

18

hejde

eighteen

19

nozdeh

nineteen

20

bîst

twenty

100

sed

hundred

1.000

hezar

thousand

1.000.000

milyon

million

Inglîzî

English

Inglîziya Amerîkî

American English

Çînî Mandarîn

Chinese Mandarin

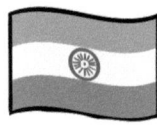

Hindî

Hindi

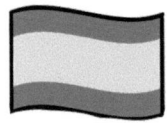

Îspanyolî

Spanish

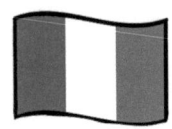

Frensî

French

Erebî

Arabic

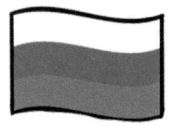

Rûsî

Russian

Portugalî

Portuguese

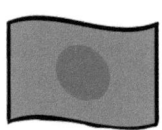

Bengalî

Bengali

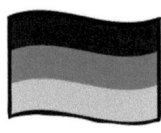

Elmanî

German

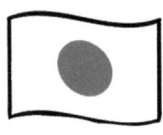

Japonî

Japanese

min

I

tu

you

ew / ev / ew

he / she / it

em

we

tu

you

ew

they

kî?

who?

çi?

what?

çawa?

how?

kû?

where?

kengî?

when?

nav

name

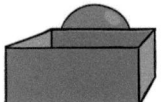

piştî

behind

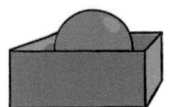

li

in

pêşî

in front of

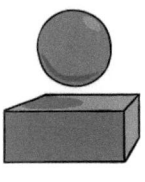

ser

over

ser

on

bin

under

kêlek

beside

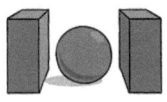

navber

between

cih

place